ANCY-LE-FRANC.

LK 242

Château d'Auer-le-Franc

Commune de l'Isomme

Lith. de Lemercier, Bernard et Cie

NOTICE

SUR LE CHÂTEAU

D'ANCY-LE-FRANC,

EXTRAITE

DE L'ANNUAIRE STATISTIQUE DE L'YONNE,

ANNÉE 1838,

PAR M. LE BARON
CHAILLOU DES BARRES.

Paris,

TYPOGRAPHIE DE FIRMIN DIDOT FRÈRES,
RUE JACOB, N° 56.

1838.

ANCY-LE-FRANC.

I.

Hâtons-nous de décrire ces vastes et nobles demeures, ces somptueuses habitations, contemporaines de mœurs, d'habitudes, d'idées si différentes de celles qui régissent notre société nouvelle : hâtons-nous! Aujourd'hui, c'est déjà bien tard; demain, il ne sera plus temps. La hache de 89 a renversé les châteaux; l'industrie déblaie sans relâche le terrain qu'ils occupaient avec orgueil, pour y placer ses manufactures et ses usines. Ainsi, dans quelques années, les ruines mêmes de ces constructions si belles, si expressives, si nationales, auront disparu, et le poëte et l'antiquaire les chercheront inutilement sur le sol.

Nos regrets sont sans amertume cependant; la piété historique que nous avons vouée à ces témoignages de tant de force et de tant de gloire n'est pas un fanatisme aveugle. Si, à l'aspect de ces monuments, la puissance et la richesse de ceux qui les élevèrent nous apparaissent, nous avouons, sans qu'il en coûte à nos sympathies, que cette puissance, ces richesses, frappées d'immobilité pendant une succession non interrompue de générations privilégiées, pouvaient seules permettre et conseiller de semblables établissements. La mobilité, la division incessante des fortunes s'opposeraient invinciblement à ce que, dans le siècle où nous vivons, on construisît de ces demeures souveraines, dont la démolition suivrait de si près l'achèvement. Et combien les goûts, les habitudes positives de la génération présente, s'accommoderaient peu de ces galeries aux proportions gigantesques! La cour d'honneur attendrait longtemps les équipages armoriés; la salle des gardes ses hallebardiers, et le château son seigneur suzerain.

Vénérons comme héritage du passé, respectons comme pages historiques, aimons comme révélations toutes parfumées de poésie, ces quelques beaux châteaux de France encore debout; mais disons-nous que leur place ne serait nulle part aussi dignement que dans notre respect et dans notre amour. Sans faire le procès au passé, rappelons-nous à quelles conditions s'élevaient ces édifices. De grandes, de profondes altérations sociales en étaient le prix. Quand on compare les misérables chaumières des classes inférieures au temps dont nous parlons, avec les demeures des habitants des campagnes à l'époque où nous vivons, on regrette beaucoup moins ces vastes, ces splendides manoirs. Si le paysage, privé d'un vieux bâtiment couronné de tourelles, perd de sa valeur, le cœur du moins est satisfait de ce bien-être qui se manifeste et s'étend de jour en jour. L'effet est moins pittoresque sans doute; mais le tableau, pour n'être pas aussi brillant, n'en atteste pas moins un progrès véritable vers le bonheur.

La société n'aurait-elle que la littérature pour expression? N'a-t-elle pas un interprète aussi fidèle des mœurs d'une époque dans ces monuments, ceints de murs ou hérissés de créneaux? Pétris avec du fer ou des pierres, ou ruisselants de dorures, selon que le souverain se nomme Charles VII ou François Ier; selon que le seigneur du lieu est un Montmorency qui ne connaît que la grande bataille, ou un Fouquet qui n'aime que le plaisir; nids d'aigles ou palais de fées, ces châteaux ne sont-ils pas aussi une date impérissable, une langue éloquente, une expression complète, magnifique et intelligible à tous?

Un rapide examen met cette vérité dans tout son jour. Au xve siècle, il n'est déjà plus question de bâtir de ces châteaux forts où les grands feudataires de la couronne se retiraient pour y régner et se défendre. On répare alors à peine ces citadelles, que des hôtes turbulents ne tarderont pas à déserter. De nouvelles formes architecturales sont nécessitées par les graves changements survenus aux institutions et par ceux qu'éprouvent les arts. La Renaissance va fleurir. Si l'on parcourt la France, on remarque que les châteaux les plus curieux se construisirent entre le commencement du xvie siècle et le milieu du xviie. Passé cette dernière époque, il ne s'en éleva plus. C'est qu'en effet, si vers 1500 il n'y a déjà plus qu'un Roi de France, il reste encore du moins des grands seigneurs dont la richesse a survécu à la puissance. Richelieu vient achever l'œuvre de Louis XI, et bientôt Louis XIV concentre toute la force et toute la volonté dans la royauté, en appelant à Versailles la haute noblesse. Il n'y a plus qu'un château : Versailles ; il n'y a plus qu'un seigneur : Louis XIV (1). Les travaux des palais de Versailles, de Trianon, de Marly et de quelques autres encore, se poursuivent sous le long règne du grand Roi, formidable expression de la monarchie absolue.

Sous son successeur, il n'y a plus même de

grands seigneurs, dans la plus faible acception de ce mot. Ils ont fait place à des courtisans titrés, plus ou moins comblés des faveurs de la cour, mais sans indépendance, et n'ayant aucune existence considérable qui leur soit propre. D'ailleurs, de graves modifications s'aperçoivent dans la constitution sociale. Les gens de finance ont surgi et sont venus se mêler à la plus haute noblesse. A l'amour d'une représentation digne et sévère, au sérieux et presque à la gravité dans les plaisirs, caractère distinctif du dernier règne, a succédé le besoin d'une vie affranchie d'étiquette, exempte de toute gêne importune; les hautes classes veulent des jouissances sans frein : on ne construit plus de vastes châteaux, mais l'on bâtit, l'on décore de *petites maisons*. Et comme les manoirs grandioses des siècles précédents n'offrent désormais que des distributions en désaccord avec les goûts de leurs possesseurs, l'art s'applique à les rendre habitables à des hôtes qui n'ont plus rien de commun avec leurs aïeux. La salle des gardes se transforme en une salle de spectacle. Dans les galeries aux proportions solennelles, on pratique des entre-sol; l'austère mobilier subit pareillement cette révolution fatale; le chêne fait place au frêle palissandre; les tableaux de l'école italienne, dont le goût avait été répandu en France par les Médicis, sont chassés par les fantaisies spirituelles de Watteau. On dirait que trois siècles se sont écoulés en moins de quatre-vingts ans!

II.

Le château d'Ancy-le-Franc date de cette époque que nous avons indiquée comme celle qui vit la France se couvrir de ces superbes manoirs, objet d'éternelle admiration. Il remonte presqu'au règne de François Ier, de ce Roi dont le nom demeure à jamais inséparable de la Renaissance des beauxarts, du goût et de l'élégance. Projeté durant son règne, Ancy-le-Franc fut commencé en 1555 sous Henri II, par les ordres d'Antoine de Clermont, dans la maison duquel était passé le comté de Tonnerre, jusque-là tenu en grand fief (2). Ce fut sur les dessins du Primatice d'abord, et sur ceux de Serlio plus tard, que s'éleva ce magnifique et imposant édifice, achevé seulement en 1622. On comprend comment un espace de temps si considérable ait pu être nécessaire pour bâtir et décorer complétement cette gigantesque demeure, lorsque Chambord, palais favori de François Ier et de Henri II, ne fut terminé que sous Louis XIV.

Le caractère du château d'Ancy-le-Franc est le type de la régularité la plus parfaite. Le style de l'architecture est majestueux; le développement de ses quatre façades, entièrement uniformes, est singulièrement imposant. Toutes les parties du monument offrent entre elles un tel accord, une harmonie si complète dans leurs détails, qu'il est difficile de se défendre d'un sentiment de surprise et d'admiration à la vue de ce grand ensemble. La conservation de l'édifice étonne; et si elle atteste sa solidité primitive, elle témoigne des soins constants dont il n'a cessé d'être l'objet depuis son achèvement. Les ornements intérieurs, toutes ces peintures à fresque si précieuses, qui étaient la décoration obligée des salles et des galeries à cette époque, sont l'ouvrage de Nicolo Dellabate, artiste chéri du Primatice, le même qui peignit, sous François Ier, la galerie de Fontainebleau; d'autres sont dues à Meynassier, moins célèbre, mais doué d'un incontestable talent. Un peu plus tard nous nous arrêterons dans celles des pièces du château où se retrouvent les peintures les plus dignes d'attention.

Soixante-sept ans, avons-nous dit, s'écoulèrent entre le commencement des travaux et l'achèvement complet de l'édifice; mais on conçoit facilement qu'il fut habitable bien longtemps avant 1622. C'est qu'en effet l'achèvement complet indique seulement le moment où furent terminées cette foule de décorations intérieures, tout à fait distinctes d'une construction proprement dite.

Néanmoins, nous regardons comme impossible que Henri II, lorsqu'il vint dans le Tonnerrois, ait pu déjà loger à Ancy-le-Franc. Aucune circonstance historique ne permet d'affirmer que Henri III y ait été reçu. Mais Henri IV s'y est certainement arrêté plusieurs fois, et notamment en 1591, alors qu'il accourut pour dégager le comte Henri de Clermont, qui se trouvait enveloppé par les troupes de la Ligue. On sait d'ailleurs que ce seigneur resta invariablement attaché à la cause du Béarnais, et que par suite son comté devint plusieurs fois le théâtre de la guerre. Henri IV, avec raison, le considérait donc comme l'un de ses plus fermes appuis, et il tenait à lui donner des marques de sa reconnaissance. Une date précise est assignée à la présence de Louis XIII à Ancy-le-Franc : c'est le 30 avril 1630 que Charles-Henri de Clermont l'y reçut.

Un dernier sourire de la fortune était réservé à cette maison de Clermont-Tonnerre si longtemps riche et puissante, mais déjà déchue, lorsque le 21 juin 1674, le comte François compta l'un de ces jours qui laissaient alors, dans la mémoire d'un serviteur dévoué, un souvenir ineffaçable. Il reçut Louis XIV qui, pour la seconde fois, venait de conquérir la Franche-Comté (3). Ce n'était pas une faveur ordinaire qu'une visite de Louis XIV. Il prodiguait peu sa présence, qui était toujours une marque de distinction dont le souvenir glorieux se perpétuait dans les familles. La pierre où il avait posé le pied, le fauteuil dans lequel il s'était assis, le mot qui s'était échappé de ses lèvres, recevaient une consécration inaltérable dans la mémoire de ses hôtes. Si l'on ne peut se mettre à la hauteur de tant d'enthousiasme, à l'heure où nous vivons, on reconnaîtra cependant que cette adoration pour l'unité politique personnifiée en Louis XIV n'a jamais été surpassée par l'attachement qu'ont porté les hommes aux institutions. Le Roi était à l'apogée de sa gloire quand il parut à Ancy-le-Franc. Le succès n'avait cessé de couronner ses armes, et toutes ces infortunes répétées qui l'attendaient au déclin de son règne, ne pouvaient pas même être pressenties. Séparons-nous un moment de nos idées actuelles; reportons-nous en 1674, c'est-à-dire au temps où la royauté jetait le plus d'éclat; rappelons-nous, surtout, que Louis XIV était, littéralement parlant, l'objet d'un culte, et nous comprendrons peut-être la réception vraiment royale qui attendait le souverain dans ce superbe château d'Ancy-le-Franc. Tout fut digne et somptueux. La demeure du comte était peuplée d'hommes considérables, parmi lesquels se remarquaient Vauban, déjà célèbre, quoiqu'à peine brigadier des armées de S. M., puis le marquis de Louvois qui, par ses sages dispositions, avait droit de revendiquer une part de la gloire que donnait à son maître cette utile et définitive conquête de la Franche-Comté; le marquis de Louvois, dont le crédit et la faveur grandissaient, aujourd'hui l'hôte du comte de Clermont-Tonnerre, et à qui la fortune réservait de devenir bientôt l'heureux possesseur d'Ancy-le-Franc.

Tout fut noble, digne et même somptueux dans la réception ménagée par le grand seigneur. Mais tout aussi se rapportait au Roi. Ce n'était pas le comte François, habile courtisan, qui eût voulu, après les fêtes si célèbres de Vaux, ne pas s'effacer. L'exemple à jamais terrible de l'imprudent Fouquet était devenu un puissant enseignement. Avec un tel maître le faste devait conserver une prudente mesure. Il fallait, au milieu même de prodigalités extrêmes, éviter qu'un seul instant Louis XIV crût à la pensée d'une rivalité. Malheur au courtisan qui eût pu lui trop rappeler Versailles!

Louis XIV, avant de s'éloigner d'Ancy-le-Franc, témoigna qu'il était satisfait; et quand le comte le devança à Tonnerre pour lui présenter les clefs de la ville, le Roi s'empressa de les lui renvoyer, en lui disant qu'il *les trouvait en trop bonnes mains pour ne pas les lui laisser.*

III.

En 1662, le marquis de Louvois, fils du chancelier le Tellier, avait épousé Anne de Souvré, âgée de seize ans, la plus belle et aussi la plus riche héritière de son temps (4). Dès 1654, le chancelier, qui réunissait aux sceaux la charge de secrétaire d'État de la guerre, en avait obtenu la survivance en faveur de son fils, qui venait d'atteindre sa treizième année, mais sans cesser, bien entendu, d'en garder les fonctions. Ce ne fut même qu'en 1666 que le département de la guerre passa entièrement dans les mains du marquis de Louvois; il avait alors vingt-cinq ans. On pourrait dire qu'il fut élevé précisément pour être ministre. Le chancelier, homme grave et sévère, exigea une application soutenue de celui qui était appelé à lui succéder. Louvois, fort jeune, commença à travailler avec le Roi; c'était alors un disciple plein de zèle, d'assiduité et de déférence, plutôt qu'un secrétaire d'État. Aussi, dans la suite, le pouvoir du ministre reçut un notable accroissement de cette circonstance, qui laissait à Louis XIV le droit de dire qu'*il l'avait formé.*

Le marquis de Louvois, aux immenses possessions de sa femme, ajouta, en 1683, la terre d'Ancy-le-Franc, de Laignes, de Griselles, etc.; l'année suivante il acquit le comté de Tonnerre et ses dépendances. Ces deux ventes lui furent faites par François-Joseph de Clermont. Cet ensemble de propriétés équivalait, par son étendue, à une véritable principauté; et l'on conçoit à merveille comment madame de Sévigné, comment le marquis de Coulanges pouvaient écrire que madame de Louvois parcourait *ses États*, lorsqu'elle visitait une contrée qui lui appartenait presque en entier (5). Plus tard, après la mort du ministre, elle échangeait Meudon, dont le Roi avait eu envie, contre Choisy, et 400 mille francs. L'opulence du marquis de Louvois était prodigieuse; à sa fortune personnelle, à l'énorme patrimoine d'Anne de Souvré, à la place de secrétaire d'État de la guerre, il avait réuni successivement une foule d'emplois dont la seule énumération serait une fatigue (6).

Nous avons dit précédemment que plusieurs de nos Rois avaient, à diverses époques, honoré de leur présence le château d'Ancy-le-Franc. Indépendamment de ces réceptions royales, une foule de personnages illustres furent successivement les hôtes des possesseurs de ce magnifique château. Dans ces dernières années encore, il reçut une auguste visite. Mais combien les temps sont changés! Quelle différence! quel contraste! Nous parcourons le siècle où *les rois s'en vont*. Ce ne sera plus Louis XIV, au milieu de sa gloire, fort d'un pouvoir sans limites : le type de la royauté la plus absolue, la plus obéie, et auquel tout devait sourire durant son séjour. C'est bien pourtant, il est vrai, l'une de ses descendantes que quelques années seulement séparent du trône de France. Le possesseur actuel du vaste et beau manoir a préparé sans doute à madame la Dauphine une réception noble et digne, pleine de recherche et de bon goût, et il se montrera respectueux et empressé. Mais nous sommes aux derniers jours de juillet 1830 : une révolution se prépare, elle s'accomplit, et ce sera dans ce beau lieu où tout retrace l'âge d'or de la monarchie française, dans ce somptueux salon qui fut la chambre même où coucha Louis-le-Grand, que madame la Dauphine apprendra à la fois les premiers événements de Paris et leur solution. Elle était arrivée presque reine, elle s'éloigne presque fugitive. La révolution s'était faite à Paris : Paris ! qui, depuis cinquante ans, voit tomber et s'improviser sans appel les royautés !

IV.

Conservé, par l'effet de diverses substitutions, dans la famille de messieurs le Tellier, le château d'Ancy-le-Franc, avec les immenses propriétés qui composaient, il y a cent cinquante ans, le vaste ensemble dont nous avons parlé, est encore possédé aujourd'hui par M. le marquis de Louvois, pair de France (7).

Cependant, si la grande révolution qui suivit 1789 laissa intacts les biens qu'un rare bonheur et des circonstances exceptionnelles avaient réunis; si une quatrième génération, depuis le ministre, a pu vivre encore dans ce somptueux manoir, toutefois le mobilier et les archives, renfermant des documents pleins d'intérêt pour l'histoire, furent vendus, dispersés ou brûlés dans les mauvais jours de 93; et, lorsque le possesseur actuel revint à Ancy-le-Franc, il trouva déserte et nue l'habitation de ses pères. Les galeries étaient vides, les vastes appartements ne contenaient plus les meubles qui n'avaient cessé de les orner depuis Louis XIV; car précédemment, il faut le dire, à l'exception de quelques changements opérés vers 1750, tout était demeuré dans l'état primitif.

En s'occupant de réparer les désastres survenus en son absence, M. de Louvois, inspiré par un goût toujours sûr, mû d'ailleurs par le désir de rendre plus commode son habitation, dont les distributions avaient cessé d'être en rapport avec les habitudes de la génération actuelle, apporta de notables changements à l'intérieur du château.

Mais ces changements furent constamment exécutés avec la pensée de n'altérer en rien les belles formes architecturales tracées par le Primatice et ses élèves. Un sentiment d'artiste dirigea le noble possesseur d'Ancy-le-Franc : tout ce qui devait être conservé fut religieusement respecté. Ainsi cet immense édifice offrit des logements plus commodes, plus élégants, sans rien perdre de sa dignité. La chambre dite du Roi fut transformée en un somptueux salon dont la richesse dépasse de beaucoup ce que fut jamais cette pièce au temps même où Louis XIV y logea. Le goût qui a présidé à sa décoration, tant il est pur, permettrait de croire à une restauration : c'est une création complète. La dorure se fond à merveille avec les parties peintes en bleu. Le plafond, composé de grands caissons, est du meilleur effet : c'est le luxe qui suivit la Renaissance, mais toujours exempt de l'afféterie du règne de Louis XV. Le chiffre de la famille, répété à l'infini, s'associe avec bonheur à l'opulente décoration. De grands tableaux, représentant l'histoire de *Judith* et *Holopherne*, ornaient autrefois les lambris de cette pièce. L'exécution en était médiocre; ils ont été enlevés et placés dans une galerie voisine.

D'autres peintures, par Nicolo, fresques remarquables, reproduisent la bataille de Pharsale dans la galerie de ce nom; elles ont de l'effet, de la couleur, de l'expression, et leur état de conservation ne laisse rien à désirer. Différentes parties du château témoignent encore de l'heureuse prodigalité qui présida à sa décoration intérieure. Là, c'est le cabinet dit des *fleurs*. Le pinceau de l'artiste y a répandu à profusion les formes les plus flatteuses et les couleurs les plus vives. Pour en compléter la gracieuse ordonnance, le portrait en pied de Diane de Poitiers y figure avec toutes les conditions de costume et les luxueux accessoires adoptés par les peintres du temps. Cette parure parfumée sied bien à cette femme qui fut une rose épanouie entre deux règnes, qui fut le printemps de la plus galante des Cours. Le plafond est d'une éblouissante richesse. Le chiffre placé dans les caissons est presque celui de Henri II et de cette belle duchesse de Valentinois; il est à peu près tel qu'on le trouve si souvent à Chambord. Ancy-le-Franc fut commencé sous ce *double règne*, mais il fut terminé plus tard. Ce chiffre serait-il le souvenir, sous forme d'hommage, d'un grand seigneur courtisan? Était-ce une manière de consacrer en quelque sorte son manoir, en le dédiant à la divinité du temps, en le plaçant sous l'invocation, non pas d'une sainte précisément, mais sous le patronage de celle qu'on implora plus d'une fois pour obtenir, et dont l'intercession se trouva si puissante pendant deux règnes? Je ne sais. Mais le portrait en pied et la décoration de la pièce sont bien évidemment de la même date; et puis, ce nom de *cabinet des fleurs*, ne va-t-il pas merveilleusement à cette belle duchesse de Valentinois (8)?

Nous voici toujours au même étage (le premier), dans un lieu charmant, l'ancienne bibliothèque : c'est la pièce dite du *Pastor fido*. Ici tout est exquis ; la Renaissance n'enfanta rien de mieux. A une certaine hauteur se trouvent reproduites les diverses scènes du *Pastor fido*. Ces délicieuses peintures n'ont nullement souffert : bergers et bergères ont conservé leur jeunesse première ; ils ont encore leurs cheveux blonds, leurs lèvres roses, leurs mains potelées comme il y a deux cents ans. Et combien les boiseries ont de prix ! quelle délicatesse dans les sculptures ! Comment se lasser de voir et d'admirer ces pilastres élégants, ces chapiteaux ravissants de légèreté ! Quelle finesse de goût ! quelle habileté d'exécution ! Notre étonnement s'accroît encore quand nous songeons que cette patience d'artiste s'est perdue. Où la retrouver ? Qui la possède ! Nous avons encore de grands peintres, des statuaires justement célèbres, des architectes noblement inspirés ; mais que sont devenus ces artistes merveilleux qui sculptaient le bois avec une si rare perfection ? Les panneaux inférieurs représentent des saints peints, relevés sur or. Cette pièce a été en quelque sorte consacrée par les couplets que fit M. de Coulanges, après y avoir retrouvé le roman de l'*Amadis*. C'est aussi, dans cette même bibliothèque, que madame de Sévigné se plaisait à écrire ses lettres datées d'Ancy-le-Franc, lorsqu'elle venait visiter Anne de Souvré, sa parente. Les souvenirs du grand siècle se pressent dans ce beau château, comme pour ajouter encore à sa splendeur!

Le rez-de-chaussée est soutenu par des voûtes élevées, de belle forme, qui donnent aux appartements de la magnificence et de l'air. Dans l'un des pavillons, le plafond attire les regards par les sujets qui y sont peints avec la fantaisie la plus folle, la plus curieusement conçue. C'est un rêve de l'orient sous les palmiers. Les fleurs qui s'ouvrent, les oiseaux qui volent, les vases qui s'inclinent, amusent l'œil et ravissent l'attention. L'Arioste a de ces tableaux, si ce n'est pas Pompéi qui a inspiré ces suaves, ces vaporeux dessins. Pour rendre à cette salle sa physionomie primitive, il suffirait seulement d'enlever, dans les parties inférieures, quelques décorations modernes qui la déparent. Si nous l'osions, nous réclamerions du goût si parfait de M. de Louvois ce léger changement.

La chapelle, qu'on trouve dans l'un des quatre pavillons, au premier étage, appelle un examen particulier. Sans être vaste (l'espace dans lequel elle est circonscrite s'y opposerait), cette chapelle est entièrement peinte et décorée dans le style de la Renaissance. Sur la partie supérieure, qui se rapproche du sommet de la voûte en forme de dôme, est retracée l'histoire des Pères du désert: ces scènes ont de la sécheresse, de la monotonie, et, pour tout dire, cette fresque de Meynassier, datée de 1596, est de beaucoup inférieure aux figures du même artiste qu'on voit dans les pièces du *Pastor fido*. Le bas de la chapelle est revêtu de boiseries ; dans chaque panneau, placé entre deux pilastres élégamment sculptés, un des principaux saints de la légende, relevé en or, se détache. Cette galerie est d'un excellent effet ; le même fini, la même perfection dans les détails que nous avons admirés dans la bibliothèque existent ici ; seulement il y aurait à restaurer, à retoucher les boiseries pour leur rendre leur netteté et leur harmonie primitives.

Deux inscriptions gravées sur marbre et placées en face l'une de l'autre sur les parties latérales méritent d'être reproduites. A droite, d'abord, se lit le bref qui suit :

« Notre Saint-Père Clément VIIIe a accordé à
« messire Charles-Henri, Comte de Clermont et de
« Tonnerre, Marquis de Cruzy, premier Baron de
« Dauphiné, Capitaine de cent hommes d'armes

« des ordonnances du Roi, Conseiller en ses
« Conseils d'État et privé, et son Lieutenant général
« en Bourgogne, que tous fidèles pénitents con-
« fessés et communiés qui dévotement visiteront
« la chapelle du château d'Ancy-le-Franc, le jour
« de Saint-Pierre et Saint-Paul de juin dès les pre-
« mières Vêpres jusqu'au lendemain tout le jour,
« ils prieront Dieu pour la paix des princes chré-
« tiens, extirpation des hérésies, exaltation de
« notre Mère la Sainte-Église, relâchant, à la forme
« accoutumée de l'Église, dix ans et autant de qua-
« rantaines de pénitence, à eux enjoints ou autre-
« ment, en sorte qu'il soit par eux (suit un mot
« illisible). Fait à Rome sous le scel du pêcheur,
« le 31 octobre 1603, de son pontificat la 9ᵉ an-
« née. »

C'était assurément une insigne faveur, dont on trouverait bien peu d'exemples, qu'un bref ainsi conçu et accordé à l'occasion d'une simple chapelle bâtie dans l'intérieur d'un château qui n'était point royal. Toutefois, la reconnaissance de la Cour de Rome explique cette marque d'une si haute bienveillance. Les successeurs de Callixte II n'oubliaient pas qu'au commencement du xiiᵉ siècle, l'un des aïeux de Henri de Clermont-Tonnerre avait rétabli ce pape sur le trône pontifical après avoir chassé de Rome l'antipape Burdin.

Mais la seconde inscription qui se lit à gauche,

et que nous allons transcrire, comment se l'expliquer ? Elle est bien plus qu'étrange : accorder des indulgences, remettre les péchés à ceux qui prieront pour les maîtres du château, ceci dépasse toute croyance. Quel abus des choses saintes! quelle dérision! et cependant, remarquons-le, nous sommes déjà parvenus au commencement du xviie siècle.

Nous copions :

« En l'honneur de Notre Seigneur et de la bien-
« heureuse Vierge Marie, cette chapelle a été dé-
« diée par messire Charles d'Escars, Évêque et duc
« de Langres, Pair de France, à la requête de mes-
« sire Charles-Henri, comte de Clermont et de
« Tonnerre, et de madame Catherine-Marie d'Es-
« coubleau, son épouse, a été donnée, à l'honneur
« et révérence de Notre Seigneur toutes les fêtes de
« Notre-Dame et le jour de la dédicace de la présente
« chapelle qui est la vigile de Saint-Mathias à tous
« ceux et celles qui la visiteront et y feront leurs
« prières pour *ledit seigneur et madame la comtesse*
« *et messieurs leurs enfants*, quarante jours de
« vrai pardon. Fait le 24 février vigile de Saint-
« Mathias 1604. »

On sait que la sépulture de la maison de Louvois était dans les caveaux de l'église des Capucines à Paris, qui depuis a été démolie. Pendant la révolution, au mois de septembre 1792, les tombeaux furent ouverts, et les cercueils en plomb convertis en balles. Incroyable époque que celle où le délire d'une populace forcenée pouvait impunément violer le refuge des générations éteintes, sous le prétexte de créer à la patrie de nouveaux moyens de défense (9)!

A gauche de l'autel, dans un monument simple, mais convenable et tel que le permettait l'emplacement, se trouve renfermé le cœur de la mère de M. de Louvois, morte au château le 28 novembre 1822 (10). Son corps a été déposé dans un tombeau élevé dans le cimetière d'Ancy-le-Franc; il est digne de la piété d'un fils reconnaissant. Nulle part, les restes de madame de Louvois ne pouvaient être mieux placés; car, à Ancy-le-Franc surtout, le souvenir de sa bienfaisance vivra: pour l'y perpétuer, il suffirait déjà de la fondation de l'établissement qu'elle a consacré à l'éducation des jeunes filles de la ville, témoignage de sa sollicitude pour les générations qui lui succéderont (11). Mais de plus, sous ce titre si simple, *la Fête des bons enfants*, elle a voulu, dirigée par une pensée éminemment morale, que le dévouement aux père et mère fût l'objet d'un encouragement. Chaque année, un prix de la valeur de quatre cents francs est partagé entre les jeunes filles et les jeunes garçons qui, au jugement de tous, ont le mieux soigné leurs parents. Le 1er octobre, les habitants d'Ancy-le-Franc se réunissent, sous la présidence de M. de Louvois, pour décerner au scrutin secret cette récompense, qui devient la preuve et le gage de la première des vertus dans le sein des familles. En assurant les dernières volontés de sa mère, M. de Louvois, constamment bon et bienveillant, l'ami des populations qui l'entourent, a cédé autant à la généreuse impulsion de son cœur qu'au devoir d'exécuter des dispositions testamentaires.

Peu d'objets d'art se remarquent dans le château. Quelques portraits seulement, par la manière dont ils sont peints, méritent de fixer l'attention. Celui du maréchal de Souvré en pied, ayant à ses côtés Louis XIII enfant, ouvrage d'un élève de Rubens, est bien composé; les accessoires ont du prix, et l'aspect général du tableau plaît par la vérité des poses et sa couleur franche. Si par leur exécution les autres portraits semblent quelquefois médiocres, du moins tous sans exception reproduisent des personnages célèbres : ces diverses figures fixées sur la toile sont comme autant de pages de nos annales. Les Matignon, aïeux de madame de Louvois, le duc de Choiseul, son grand-oncle, ministre sous Louis XV, ce ne sont pas là des gens inconnus(12). Il existe encore, indépendamment d'un beau portrait d'Anne de Souvré et de ceux du chancelier le Tellier et de Louvois, placés dans la chambre qu'habitait madame de

Louvois la mère, un buste admirable du chancelier; M. de Louvois a dû aux indications qui lui furent fournies par M. le premier président Séguier, la possibilité d'acquérir cet objet d'une grande valeur.

Avant de quitter l'intérieur du château, il ne faut point oublier une bizarrerie architecturale, vraiment curieuse lorsqu'on songe à son origine: toutes les portes de cet édifice de proportions si fortes sont incroyablement étroites et n'ont qu'un seul battant. Le dépit d'un grand seigneur blessé dans son amour-propre est la cause de cette singularité. On raconte qu'Antoine de Clermont-Tonnerre croyait avoir des droits aux deux battants chez le roi; ces droits ne furent pas reconnus; il se plaignit, il ne fut pas écouté; l'emportement eût été inutile et peut-être dangereux: la Bastille existait. Il comprima sa colère, et c'est alors qu'il se promit, au risque d'être absurde dans l'une des parties les plus essentielles de sa construction, de se ménager la possibilité de rendre tout naturellement à Sa Majesté sa royale impolitesse: l'égalité se trouvait ainsi rétablie entre le Roi de France et le comte de Clermont-Tonnerre. Actuellement même, il n'existe dans le château qu'une seule porte ayant deux battants, celle qui conduit au salon, et c'est M. de Louvois qui l'a fait établir. Une autre singularité, mais d'un genre différent, née d'un caprice de l'imagination, consistait dans la contiguïté de deux pièces dont l'une était la chambre des *saints*, et l'autre celle des *nudités*. Inutile de dire que la dernière présentait la nature humaine exempte de tout vêtement importun. Ces deux pièces ne subsistent plus dans leur état primitif; elles se trouvent confondues dans les distributions nouvelles du château. La salle des gardes, dont les murs restent encore parsemés de fleurs de lis, a subi également une transformation conforme au goût moderne : un théâtre y a été construit.

Quatre escaliers placés aux angles du bâtiment conduisent au premier et au second étage. Au rez-de-chaussée, des galeries ayant quinze pieds de large sur soixante de longueur, avec des arcades, règnent de plain-pied sur la cour intérieure. Chacune des façades donnant sur cette même cour a cinq fenêtres, et onze extérieurement sur le parc.

De vastes communs, des dépendances considérables existent dans les avant-cours comme complément de cette noble demeure, qui suppose un grand entourage, le luxe des chevaux, des équipages et un nombreux personnel de serviteurs de tout genre. Ces constructions sont postérieures à celle du château; elles furent ordonnées par le marquis de Louvois aussitôt après son acquisition.

Avant cette époque, les avant-cours n'avaient pas ce caractère de grandeur qui répond si heureusement à la beauté du manoir qu'elles précèdent.

La lithographie qui précède donne la vue du château sous un aspect qui n'avait point encore été offert; le dessinateur a présenté à l'œil le développement presque entier de deux façades.

Planté primitivement dans le système de le Nôtre par les ordres du ministre, le parc, depuis vingt-cinq ans, a été pour M. de Louvois l'objet de soins particuliers. Aux lignes sévères, mais tristes et monotones, des grandes allées sans fin, la forme des jardins paysagers a été substituée. Ces changements fort considérables ont été exécutés avec un rare bonheur et sous l'influence d'une étude intelligente des sites. De tels embellissements avaient leurs difficultés : car le vallon dans lequel repose ce magnifique château est très-resserré, l'espace manque. Placé presque à l'extrémité du parc, il se trouve tellement rapproché de la petite ville d'Ancy-le-Franc que, sans l'interposition de massifs habilement jetés, l'œil de ce côté toucherait aussitôt aux limites. Le comblement des fossés qui entouraient le château est en partie opéré; et déjà la façade devant laquelle le remblai est effectué a acquis plus de légèreté, elle se détache mieux du sol; elle a pour ainsi dire grandi. Ménagés pour la plupart avec un saint respect, les vieux arbres se confondent dans les masses nouvelles qu'ils fortifient. Les eaux de l'Armançon coulent dans le parc : cette rivière en forme comme la ceinture dans le sens du vallon ; puis à l'extérieur, parallèlement dans la même direction, se développe le canal de Bourgogne. Un pavillon, dont la construction ne remonte qu'à 1740, s'élève au milieu de la pièce d'eau, fortement appuyé par des masses d'arbres séculaires. On remarque dans l'intérieur un salon octogone, décoré récemment avec beaucoup de goût.

Malheureusement, le paysage n'est pas digne de la magnifique création que nous décrivons. Des coteaux très-rapprochés bornent la vue et ne la reposent pas. Ces coteaux sont secs, pauvres de végétation et nullement pittoresques. Le cadre ne répond pas au tableau.

Les dépenses faites par le possesseur actuel d'Ancy-le-Franc ne se sont point concentrées, il s'en faut bien, dans ses seuls embellissements; sa pensée s'est portée plus loin, en fondant des établissements utiles. M. de Louvois, comprenant le temps auquel il appartient, sachant tout ce qu'il est permis d'attendre de l'industrie, a construit aux extrémités de son parc de hauts fourneaux pour la fusion d'un minerai de fer d'une qualité supérieure, un moulin à farine perfectionné et une scierie. Ces usines, placées sur le bord du canal, doivent à cette situation même des éléments de prospérité qui en France ne se rencontrent que bien rarement. L'abondance des céréales dans un rayon rapproché, de vastes forêts à proximité, achèvent de justifier ces belles fondations de travaux qui réunissent à un haut degré toutes les conditions désirables de succès.

Doué de l'intelligence qui apprécie toutes les innovations utiles, voyageur observateur, M. de Louvois s'est rendu un compte particulier des divers chemins de fer, appliqués en Amérique et en Angleterre. Au moment où nous traçons cette notice, *le Bulletin des lois* enregistre peut-être le brevet d'invention qu'il prenait, au mois de septembre dernier, pour la construction de chemins de fer conçus d'une manière aussi simple qu'économique. Nous nous bornons à ce seul énoncé de son projet, n'ayant ni la pensée, même la possibilité de décrire ici son mode d'invention (13).

Toutefois une réflexion nous frappe, un rapprochement inévitable s'offre à notre esprit. C'est dans ce manoir presque féodal, environné des souvenirs d'une époque où le travail et l'industrie étaient presque comptés pour rien; oui, c'est bien là que le descendant d'un ministre du Roi le plus absolu élabore un projet industriel, dont l'exécution repose sur la libre association des capitaux et du travail. Voilà en effet le grand seigneur (s'il en existe encore), tel que l'admet notre xixe siècle, appliquant sa pensée, consacrant ses loisirs, une partie de sa fortune à l'accroissement de la richesse sociale et du bien-être de tous!

Je m'éloignai d'Ancy-le-Franc sous la préoccupation de ces pensées et l'esprit flottant entre les réminiscences d'un passé dont j'avais évoqué les images et un avenir que je voyais envahi par la fumée de l'usine, sillonné par la roue des machines à vapeur; j'arrivai à me demander ce que serait dans soixante ans cette merveilleuse habitation qui a à ses côtés un canal qui lie la Seine au Rhône, une route royale de première classe et d'autres communications encore. Je crus entendre l'INDUSTRIE, reine des temps modernes, qui me répondait :

« Ne savez-vous pas que je suis le conquérant « irrésistible? Regardez l'asile du cénobite, on y « file du coton; les clochers cèdent la place aux « cheminées à vapeur; l'église gothique est trans-« formée en magasin; la solitude des forêts est « troublée par la hache du fournisseur de l'usine; « les fourneaux, la fumée, les cyclopes, ont écarté « impitoyablement le pieux solitaire et les chas-« seurs aventureux.

« Si l'orage vous surprenait dans les pâturages « du Jura, ne cherchez pas le repos dans les chau-« mières voisines; point d'illusion, on n'y chante

« point d'idylles; on y fabrique des horloges et
« des montres. Et si, approchant des Hautes-
« Alpes, si, plein d'un saint respect pour la vie des
« temps anciens, vous visitez le Glaronois et l'Ap-
« penzellois, ne quittez pas la fraîcheur de ces
« belles prairies, écoutez le berger qui entonne le
« ranz des vaches vers le déclin du jour, jouissez
« de loin de l'aspect ravissant de ces maisons si
« simples et si gracieuses, isolées comme celles des
« anciens Germains, mais n'y entrez pas. Vous y
« trouveriez des fabriques de mousseline et d'in-
« dienne : c'est là qu'on tisse les étoffes dont
« s'habillent les dames allemandes, italiennes,
« russes. Là, on y sait distinguer le coton d'Égypte
« de celui de l'Inde; on y connaît les prix courants,
« les changes, l'état des marchés, toute la prose
« de l'industrie et du commerce. »

Je me dis de nouveau alors : HATONS-NOUS de décrire ces vastes et nobles demeures, ces somptueuses habitations : Hâtons-nous ! Aujourd'hui, c'est déjà bien tard ; demain, il ne sera plus temps.

NOTES.

(1) Voici quelle idée Louis XIV se faisait de son pouvoir. « Celui qui a donné des Rois aux hommes, a voulu qu'on les « respectât comme ses lieutenants, se réservant à lui seul le « droit d'examiner leur conduite. Sa volonté est que quicon- « que est né sujet, obéisse sans discernement. » (Mémoires et Intructions de Louis XIV pour le Dauphin, tome II, page 336), édition de 1816 des OEuvres de Louis XIV.

Et ailleurs (page 429) : « Il me semble qu'on m'ôte de ma « gloire, quand sans moi on en peut avoir. »

Puis aussi (même volume, page 92) : « Tout ce qui se « trouve dans l'étendue de nos États, de quelque nature qu'il « soit, nous appartient à même titre. Les deniers qui sont « dans notre cassette, ceux qui demeurent entre les mains des « trésoriers, et ceux que nous laissons dans le commerce de « nos peuples, doivent être par nous également ménagés. »

(2) Antoine de Clermont, IIIe du nom, grand maître des eaux et forêts et lieutenant général, était l'aîné des treize enfants issus du mariage de Bernardin de Clermont et de Anne de Husson, comtesse de Tonnerre. Quoique l'aîné, il n'eut

point le comté de Tonnerre; il se contenta des terres d'Ancy-le-Franc, de Chassignelles, de Griselles, de Laignes et de Crusy. Il y avait dans cette dernière une coutume connue sous le nom du Gist *de Crusy*, qui constituait bien l'une des plus bizarres servitudes qui se pussent voir à cette époque. Elle est vraiment trop curieuse pour la passer sous silence. La voici : les Tonnerrois nouveaux mariés étaient obligés d'aller coucher la première nuit de leurs noces à Cruzy, sans quoi ils ne pouvaient jamais obtenir le droit de bourgeoisie dans leur ville. Cependant, l'aïeul maternel d'Antoine de Clermont, Charles de Husson, comte de Tonnerre, avait consenti, dès 1492, à ne pas conserver cette portion passablement gaie de ses droits seigneuriaux; il prit pitié du repos des jeunes ménages, et voulut bien ne point obscurcir cette charmante lune de miel, que le voyage de Crusy devait, ce nous semble, un peu gâter. Une redevance remplaça donc pour le châtelain ce singulier privilége de ses devanciers. En conséquence, il fut stipulé que chaque chef de famille tonnerrois payerait à perpétuité, le jour de la Saint-Remy, pour la première année de bourgeoisie, une somme de dix sous huit deniers, les autres années vingt deniers, pour le *feu entier*, et moitié de ces sommes pour le *demi-feu*. En bonne conscience, il eût été difficile d'en être quitte à meilleur marché. O l'excellent temps !

(3) Un peu avant son arrivée, le Roi, cédant à un désir pieux, mû par le besoin de remercier le ciel de ses victoires, alla s'agenouiller dans l'abbaye du Puits-d'Orbe, célèbre par le séjour de St.-François de Sales. Ce monastère était situé à peu de distance d'Ancy-le-Franc, et du château on en découvre encore les vestiges. Un autre souvenir se retrouve non loin de ce lieu, c'est un vieux chêne qui abrita Henri IV, au temps où, par une suite d'épreuves et de com-

bats, il dut successivement conquérir les diverses provinces de son royaume. La tradition a laissé à cet arbre le nom de Roi de Navarre, et dans la contrée il est resté en honneur. La mémoire du Béarnais ne cessa jamais de le protéger ; et c'est ainsi qu'il a survécu même à la grande tourmente de 1793.

(4) Anne de Souvré était petite-fille de Gilles de Souvré, marquis de Courtanvaux, maréchal de France, etc. ; il avait suivi en Pologne le duc d'Anjou, depuis Henri III. C'était l'un des hommes les plus honnêtes de son temps. Sa droiture, sa loyauté avaient résisté à la contagion d'une Cour où le crime était presque de rigueur pour les courtisans. Lorsque le duc de Montmorency fut enfermé à Vincennes, la reine mère ayant conçu le dessein de se débarrasser de l'illustre prisonnier, le marquis de Souvré, gouverneur du château, déjoua le complot. Sous Henri IV, le duc de Mayenne lui fit proposer cent mille écus d'or pour embrasser le parti de la Ligue. Souvré répondit : *Ce serait payer trop cher un traître.* En le nommant gouverneur du Dauphin, depuis Louis XIII, Henri IV lui donna la marque de confiance la plus grande qu'il pût accorder.

(5) « Il y a un mois » (écrivait M. de Coulanges à madame de Sévigné, de Tonnerre le 3 octobre 1694, trois ans après la mort du ministre), « que je me promène dans les États
« de madame de Louvois ; en vérité ce sont des États au pied
« de la lettre, et c'en sont de plaisants, en comparaison de
« ceux de Mantoue, de Parme et de Modène. Dès qu'il fait
« beau, nous sommes à Ancy-le-Franc ; dès qu'il fait vilain,
« nous revenons à Tonnerre ; nous tenons partout cour plénière,
« et partout, Dieu merci, nous sommes adorés. Nous allons,
« quand le beau temps nous y invite, faire des voyages de

« long cours, pour connaître la grandeur de nos *États* ; et
« quand la curiosité nous porte à demander le nom de ce pre-
« mier village, à qui est-il? on nous répond, c'est à *madame* ;
« à qui est celui qui est le plus éloigné? c'est à *madame* ;
« mais là-bas, là-bas, un autre que je vois? c'est à *madame* ;
« et ces forêts? elles sont à *madame*. Voilà une plaine d'une
« grande longueur? elle est à *madame* ; mais j'aperçois un
« beau château? c'est Nicei, qui est à *madame*, une terre con-
« sidérable qui appartenait aux anciens comtes de ce nom.
« Quel est cet autre château sur un haut? c'est Pacy, qui est à
« *madame*, et lui est venu par la maison de Mandelot dont
« était sa bisaïeule ; en un mot, madame, tout est à *madame*
« en ce pays ; je n'ai jamais vu tant de possessions ni un tel
« arrondissement. »

(6) Au surplus, l'immense fortune possédée par Louvois ne dépassait pas celle que laissa Colbert. Le contrôleur général avait neuf enfants ; tous ceux qui lui survécurent eurent de grandes existences? ses trois filles épousèrent des ducs et pairs, et quant à son fils aîné, le marquis de Seignelay, qui fut ministre de la marine, malgré ses profusions, ses prodigalités notoires, l'inventaire de ses biens, lors de sa mort en 1690, ne s'éleva pas à moins de dix-sept millions! L'imagination reste confondue, ou, pour tout dire, s'effraye bien un peu à la vue de telles richesses!

Louvois, ce nous semble, a été jugé sévèrement, trop sévèrement peut-être ; c'est-à-dire, qu'à son égard cette sorte de compte en partie double qui doit toujours s'ouvrir avec équité pour un homme d'État, jeté durant de longues années au milieu d'événements graves et compliqués, n'a point été dressé avec l'impartialité désirable. Ainsi, sa dureté, son inflexibilité ont prévalu, l'ordre d'incendier le Palatinat est resté comme isolé, sans compensation ; et il a semblé que, ces trois points une fois convenus, tout se trouvait dit et résumé sur cette longue existence ministérielle. Saint-Simon, qui le haïssait, et qui sait si bien dans son style incorrectement pittoresque et incisif, rendre odieux les gens qu'il n'aime pas, se montre à l'égard de Louvois d'une invariable partialité. Ainsi, par exemple, il s'élève avec une violence inouïe contre le fameux *ordre du tableau* établi par ce ministre. Eh bien ! cet ordre du tableau est précisément l'acte qui honore le plus l'administration du marquis de Louvois. Cette mesure, en effet, n'était autre chose que la reconnaissance des droits des officiers à l'avancement dans l'armée. Jusque-là, la faveur seule suffisait pour conférer les grades. Et en voulant que l'ancienneté, l'état des services devinssent les éléments essentiels de toute promotion, sous le Roi le plus absolu, il mérite de grands éloges. Il devançait de plus d'un siècle, l'adoption de règlements qui sont devenus la garantie offerte à l'armée française. Certes, je crois à la ténacité, à l'opiniâtreté du ministre ; j'imagine même qu'il fut doué d'une volonté de fer ; car il ne lui fallait pas moins que tout cela pour faire prévaloir une semblable mesure. Mais Saint-Simon, qui ne compte guère dans l'État que les ducs et pairs, qui fait tout au plus grâce au reste de la noblesse, et placerait volontiers le surplus de la nation un peu plus bas que les ilotes de Lacédémone, s'indigne de l'audace de Louvois. A ses yeux, l'ordre du tableau est une iniquité, un attentat aux droits les plus sacrés.

Louvois fut essentiellement organisateur. L'armée, avant lui, ne formait guère qu'un assemblage d'hommes sans discipline. L'uniforme même était inconnu dans les régiments. Ce n'est point ici le lieu d'offrir le tableau de tous les changements, ni des améliorations qu'il sut opérer. Contentons-nous de rappeler, afin de mieux indiquer ce qu'il fit, que les bases essentielles posées par lui pour l'administration militaire, les approvisionnements, les hôpitaux, l'organisation des troupes, ont subsisté presque invariables pendant plus d'un siècle. Il était infatigable, doué de cette faculté exceptionnelle qui permet à l'esprit une application presque incessante; il pouvait travailler quatorze heures chaque jour, sans que ses perceptions fussent moins nettes, ses décisions moins fermes. La réputation d'assiduité laborieuse de ses collaborateurs est demeurée presque proverbiale. Elle explique aussi en partie, comment, avec un personnel qui ne dépassait guère la liste des employés que compte de nos jours une seule division du ministère de la guerre, les affaires étaient traitées, et les ordres expédiés aux chefs d'armée, dont l'effectif atteignit un moment presque quatre cent mille hommes.

Malgré l'espèce de fascination qu'exerçait Louis XIV sur ceux qui l'entouraient, son inimaginable ascendant, le charme prestigieux attaché à sa faveur, les contemporains, qui attribuèrent la mort de Racine à un mot trop sévère du grand Roi, qui virent dans la fin si rapide de Colbert, presque les seuls effets de la disgrâce, n'ont pu expliquer par cette unique cause la mort de Louvois. Et quand, le 16 juillet 1691, il quitta brusquement le conseil sous l'impression du regard courroucé de son maître, pour expirer une demi-heure après, on s'écria qu'il avait été empoisonné. Ce fut l'opinion universelle. Saint-Simon, madame de Sévigné et tous les écrits du temps s'accordent sur ce point. Mais celui qui ordonna le crime est demeuré inconnu. Car tout est resté trop vague pour rien conclure. La gaieté du roi, cette demi-satisfaction même, qui perçait en lui durant sa promenade, presque sous les fenêtres de l'hôtel de la Surintendance des bâtiments où Louvois venait de rendre le dernier soupir, attestent assurément que le sentiment éprouvé par Louis XIV fut bien voisin de la joie. Cependant, en tirer une autre conséquence serait aller beaucoup trop loin. Toutefois, répétons-le, l'empoisonnement semble un fait désormais acquis à l'histoire; et quand on se rappelle que de tous les médecins qui assistèrent à l'autopsie, un seul nia la présence du poison; lorsqu'on songe encore que Seron, médecin du ministre, resté au service de son fils, Barbésieux, se tua en répétant pendant son agonie : *Je l'ai bien mérité*, il est difficile, disons-nous, de ne pas partager l'opinion des contemporains. Avec nos mœurs douces, et telles que les a faites cette juste horreur pour des crimes de cette nature, nous avons toujours une peine extrême à accepter comme vraies ces accusations d'empoisonnement qui retentissent si souvent dans les siècles précédents. Cette incrédulité, cette sorte de scepticisme honore les générations nouvelles. Mais quelque porté au doute qu'on puisse être, il est impossible de ne pas reconnaître que l'assassinat d'abord, puis l'empoisonnement (comme progrès) étaient en usage et quasi de droit commun en politique, et qu'enfin le règne de Louis XIV compte lui-même de très-illustres coupables en ce genre.

(7) Auguste-Michel-Félicité le Tellier de Souvré, marquis de Louvois, né le 3 septembre 1783; marié le 8 août 1804 à Athénaïse-Euphrasie-Louise-Philippine Grimaldi de Monaco, fille du prince Joseph-Marie-Jérôme-Honoré Grimaldi de Monaco, maréchal de camp, etc. Aucun enfant n'est né de ce mariage.

Il est le descendant direct de Louis-Nicolas le Tellier de Louvois, marquis de Souvré, second fils du ministre et d'Anne de Souvré...
....

Son père, Louis-Sophie le Tellier de Souvré, marquis de Louvois, naquit le 18 mars 1740, et mourut le 5 août 1785.

Ses armes sont ainsi : écartelé aux 1 et 4 d'azur; à trois lézards rangés d'argent; au chef cousu de gueules, chargé de trois étoiles d'or, qui est de LE TELLIER ; aux 2 et 3 d'azur, à cinq cotices d'or, qui est DE SOUVRÉ. Supports : deux loups.

Couronne de marquis. Cimier : une branche de chêne rompue. Devise : *Melius frangi quam flecti*. L'écu environné du manteau de pair.

(8) Le tableau qui reproduit les traits de Diane de Poitiers était, au reste, un portrait de famille pour la maison de Clermont-Tonnerre. En effet, le comte Antoine, le second du nom, avait épousé, en 1516, *Anne de Poitiers*, sœur aînée de la duchesse de Valentinois; Antoine III se maria également à la plus jeune des sœurs de Diane, *Françoise de Poitiers*.

Ce fut en faveur de ce même comte Antoine que la baronnie de Clermont fut érigée en *comté* par lettres patentes de Henri II de 1547. Le roi, ce qui est assez curieux, le qualifie de *cousin* dans ses lettres. Ce titre, habituellement, n'était accordé, dans de tels actes, qu'aux ducs et pairs, et encore pas toujours.

(9) L'amour du merveilleux, de l'impossible même, est de tous les temps. N'a-t-on pas répété que, lorsqu'on ouvrit le cercueil qui renfermait le corps du marquis de Louvois, on trouva le plomb corrodé sur la partie correspondant à l'estomac, et que cette altération était due à la présence du poison dont était mort le ministre? Cette anecdote ne mérite même pas d'être contredite, à tel point est inadmissible le fait qu'elle énonce.

Le magnifique et somptueux mausolée élevé par Anne de Souvré à son mari, et qu'on voit dans l'église de l'hospice de Tonnerre, fit, pendant quelque temps, partie des monuments réunis sous la direction de M. Lenoir, rue des Petits-Augustins à Paris. Lorsque ce musée cessa d'exister, M. le marquis de Louvois fit transporter à Tonnerre ce tombeau si digne d'admiration.

(10) Née de Bombelles, fille du lieutenant général de ce nom. Elle épousa, en 1782, le père de M. de Louvois : c'était sa troisième femme ; il n'avait point eu d'enfants des deux premières.

(11) La vénération qu'inspirait madame de Louvois aux habitants d'Ancy-le-Franc se manifesta d'une manière bien touchante à l'instant où l'on commença le caveau du monument construit dans le cimetière. Par une nuit froide et pluvieuse, en douze heures, ils élevèrent les fondations, et tout salaire fut unanimement refusé par eux.

(12) La mère de madame de Louvois était fille du maréchal de Stainville ; et c'est elle dont la force d'âme, en montant sur l'échafaud le 8 thermidor an II, est demeurée si célèbre parmi tant de preuves de courage justement admirées. Ne voulant pas que la pâleur de son teint pût même un seul instant faire douter de sa résolution de mourir avec fermeté, elle demanda du rouge. Son exécution fut à peine séparée par un intervalle de trente heures de la chute de Robespierre.

(13) Un brevet d'invention pour rendre navigables les rivières pendant les temps de sécheresse, sans en entraver le cours, a été également pris par M. de Louvois en 1837.

www.ingramcontent.com/pod-product-compliance
Lightning Source LLC
LaVergne TN
LVHW021703080426
835510LV00011B/1555